Raphaela Tautzt

Vom Reichtum des Zeithabens

Raphaela Tautzt

Vom Reichtum des Zeithabens

Geschichten für Kleine und Große

R. G. Fischer Verlag

Bibliografische Information der Deutschen Nationalbibliothek:
Die Deutsche Nationalbibliothek verzeichnet diese Publikation in der
Deutschen Nationalbibliografie; detaillierte bibliografische Daten sind
im Internet über http://dnb.dnb.de abrufbar.

© 2022 by R. G. Fischer Verlag
Orber Str. 30, D-60386 Frankfurt/Main
Alle Rechte vorbehalten
Titelbild: Raphaela Tautzt
Schriftart: Savoy 12 pt
Herstellung: rgf/bf/2A
ISBN 978-3-8301-9502-3

Für meine Jungs

RAPHAELA TAUTZT, 1976 in Münster geboren, ist gelernte Fremdsprachenassistentin, verheiratet und hat einen Sohn. Bücher begleiten sie von klein auf und mit ihrem Werk »**Vom Reichtum des Zeithabens**« erfüllt sie sich den Traum, ihr erstes eigenes Buch in den Händen zu halten.

INHALT

Die Geschichte eines perfekten Tages oder die Reise der Kraniche

Es ist ein wunderschön warmer Oktobertag. Heute soll es noch einmal bis zu 22 Grad warm werden.

Kalli freut sich. Er sitzt mit Mama und Papa am Frühstückstisch und überlegt, was sie heute Schönes machen könnten.

Da kommt ihm plötzlich eine Idee. »Mama«, sagt er, »wollen wir uns heute mal die Vögel-Pause ansehen?«

Papa schaut ein bisschen irritiert und Mama überlegt fieberhaft, was genau Kalli wohl mit »Vögel-Pause« meinen könnte und ob das etwas ist, worüber sie in den letzten Tagen vielleicht gesprochen haben könnten.

Kalli wippt ein bisschen ungeduldig auf seinem Stuhl und fügt erklärend hinzu: »Na, das, wovon Karl uns mal erzählt hat — da, wo ganz viele Vögel anhalten, um zu verschnaufen, bevor sie weiter ins Warme fliegen für den Winter …«

Mama geht, nach einer gefühlten Ewigkeit, endlich ein Licht auf. »Ach, jetzt weiß ich, was du meinst, Kalli. Du möchtest gern nach Diepholz ins Moor fahren, um das Rasten der Kraniche zu beobachten.«

Genau, das meint Kalli — Mama hat's endlich begriffen. Er hüpft aufgeregt auf und ab und holt schon mal sein Fernglas und seinen kleinen Rucksack. Schließlich muss man ja für so einen wichtigen Ausflug gut gerüstet sein und auch ein bisschen Proviant mitnehmen.

Mama und Papa sind einverstanden und packen schnell ein paar Brote und Getränke in eine große Tasche. Dann geht's auch schon los. Nur ist leider die Fahrt ein bisschen länger. Macht aber nichts, alle freuen sich über das schöne, warme Herbstwetter.

Im Moor angekommen, klettert Kalli mit Mama und Papa direkt auf den höchsten Aussichtsturm. Der hat mehrere Ebenen, von denen man zu allen Seiten die Kraniche beobachten kann. Was für ein Abenteuer! Das hat Kalli in seinem ganzen kleinen Leben noch nicht gesehen und Mama und Papa auch nicht. So viele wunderschöne Kraniche! Sie fliegen in riesigen Schwärmen über ihre Köpfe hinweg und rasten noch einmal an den Wasserstellen des Moores, um sich anschließend auf die lange Reise in Richtung Süden zu machen. Wunderschön! Kalli ist ganz begeistert. Still betrachtet er das spannende Schauspiel.

Nach einer ganzen Weile gehen Kalli, Mama und Papa dann noch eine große Runde in dem schönen Moor spazieren. Alles ist so ruhig und friedlich, von der Sonne angestrahlt wirken alle Pflanzen und vor allem auch die violette Heide einfach einmalig. Alle können sich gar nicht sattsehen an der schönen Landschaft um sie herum.

Plötzlich sagt Mama zu Papa: »Wir kommen doch noch am Dümmer See vorbei, oder? Könnten wir dort nicht noch eine kleine Pause machen, bevor wir zurück nach Hause fahren?« Für Papa ist das kein Problem. Er ist ja auch ein super Autofahrer, denkt Kalli, und bringt uns ganz bestimmt wieder sicher nach Hause, auch wenn es ein bisschen später wird.

Sie halten am Dümmer See und gehen direkt zu einem kleinen Sandstrand am Wasser. Kalli darf seine Schuhe und Socken ausziehen und mit den nackten Füßen durch den Sand hüpfen. »Darf ich auch ins Wasser, Mama?«, ruft er.

»Ja, aber nur mit den Füßen!«, ruft Mama noch, aber Kalli hat nur das »Ja« gehört und schon flitzt er los. Es ist einfach ein herrlicher Tag. Kein Familienmitglied möchte nach Hause. Sie laufen barfuß durch das Wasser und den warmen Sand, sitzen am Strand auf ihren Jacken und machen ein Picknick. Die mitgebrachten Brote und die kühlen Getränke schmecken hier noch viel besser als zu Hause, denkt Kalli. Sie halten ihre Nasen in die Sonne und freuen sich über einen ganzen Tag voller Urlaub.

Bis zum letzten Sonnenstrahl sitzen Kalli, Papa und Mama auf einer Bank am Strand. Zum Abschied gibt es noch Pommes mit doppelt Mayo aus dem kleinen Imbiss ganz in der Nähe, für Kalli eine Apfelschorle aus dem Strandbüdchen und für Mama ein Bier. Herrlich! Die Sonne schimmert so schön durch das grüne Glas von Mamas Bierflasche, denkt Kalli. Versunken betrachten alle drei den bezaubernden Sonnenuntergang. »Ob die Engel wohl schon anfangen, für Weihnachten zu backen?«, überlegt Kalli.

Dann wird es doch allmählich kühler und sie machen sich langsam und sehr zufrieden auf den Heimweg. Ein bisschen dauert es noch, bis sie zu Hause sind und Kalli darf heute ausnahmsweise etwas später ins Bett gehen. Da morgen Montag ist, meint Mama, bringt sie ihn einfach etwas später als gewöhnlich in den Kindergarten. Und so sitzt Kalli selig in seinem Kindersitz, bis ihm schließlich die Augen zufallen. Er kann einfach nichts mehr dagegen machen … So viele schöne Eindrücke …

Zu Hause angekommen nimmt Mama ihn vorsichtig aus dem Kindersitz, um ihn direkt ins Bett zu legen. Waschen fällt heute mal aus. Morgen ist ja auch noch ein Tag. Und ein bisschen Sand hat noch niemandem geschadet …

Mama und Papa stehen noch einen Moment an Kallis Bett und freuen sich über diesen wunderbaren Tag.

Als Mama Kallis Hose in den Wäschekorb bringen will, kommt ihr eine Ladung Sand entgegen. Sie fegt den Sand zusammen, packt ihn in eine kleine durchsichtige Tüte und macht eine Schleife darum. »Den Sand hebe ich auf«, sagt sie zu Papa. Der sitzt schon in seinem Fernsehsessel und schaut verwundert von seiner Zeitung auf. »Warum?«, fragt er verblüfft.

»Na, als unsere kleine Geschichte eines perfekten Tages«, sagt Mama — und dann müssen beide lachen.

K(l)eine Gute-Nacht-Geschichte

Kalli ist stinksauer. Mama will ihm heute Abend einfach keine Gute-Nacht-Geschichte mehr vorlesen, und das NUR, weil er seine Zähne nicht putzen wollte. Erwachsene sind einfach gemein. Dabei hatte er mit Papa noch eine Kindersendung im Fernsehen geguckt und Mama und Papa hatten anschließend nur ein ganz paarmal gesagt, dass er jetzt ins Bett gehen und vorher die Zähne putzen soll. Das weiß Kalli doch. Er hatte nur noch keine Lust, sofort ins Badezimmer zu gehen.

Jetzt sitzt er in seinem Bett und findet das alles ganz schön ungerecht. Die Zähne hat er mit Mama – unter Protest – geputzt, aber vorlesen will sie ihm immer noch keine Geschichte. Doof!

Mama sagt, dass Kalli seit ein paar Tagen nicht so gut hört und immer etwas anderes macht, als er eigentlich soll. Stimmt doch gar nicht, denkt Kalli. Erwachsene wollen immer Recht haben.

Morgen im Kindergarten erzählt er das erstmal seinem Freund, Kumpel und Cousin Theo. Der findet das bestimmt auch blöd. Theo ist drei Monate älter als Kalli. Sie gehen in dieselbe Kindergartengruppe, sehen sich jeden Tag in der Woche und oft auch am Wochenende und sind richtig dicke Kumpels.

Ob Theo das auch kennt, wenn die Mama abends keine Geschichte mehr vorlesen will? Bestimmt versteht er ihn.

Mama rührt sich immer noch nicht und hat einfach angefangen zu bügeln. Jetzt ist sie aber schuld, wenn Kalli morgen ganz müde und kaputt ist. Ohne Gute-Nacht-Geschichte kann er einfach nicht einschlafen.

Vielleicht sollte er es mal mit WEINEN und dazu WÜTEND STAMPFEN versuchen? Eins-zwei-drei, LOS! Jetzt hält Mama sich auch noch die Ohren zu! Das soll sie aber nicht. Sie soll jetzt endlich vorlesen!

Kalli versucht dann doch, Mama mit tränenüberströmtem Gesicht zu erklären, dass sie bestimmt nicht möchte, dass er morgen ganz kaputt in den Kindergarten gehen muss und jetzt ganz 100 Mal traurig ist, nur weil sie ihm keine Geschichte vorliest.

Mama setzt sich vor Kallis Bett und sagt, dass sie auch traurig ist, wenn er so frech ist und sie jetzt einfach nichts vorlesen möchte. Das war aber die falsche Antwort. Sie soll doch NUR diese eine einzige Geschichte vorlesen …

Irgendwie kommt Kalli mit Mama so überhaupt nicht weiter.

Mama sagt, dass die beiden ein Buch durchblättern und sich noch ein bisschen unterhalten könnten. Eine

Gute-Nacht-Geschichte liest sie ihm aber erst morgen wieder vor. Kalli weiß nicht so recht, ob das OK ist, traut sich aber auch nicht, das blöd zu finden, weil Mama sonst noch aus dem Zimmer geht. Das hat sie schon einmal gemacht und es hat ganz schön lange gedauert, bis sie wieder gekommen ist.

Lieber versucht er es einmal mit Mamas Vorschlag. Sie kann es nämlich auch nicht haben, wenn Kalli traurig ist.

Mama holt das große Bilderbuch aus Kallis Bücherkiste neben seinem Bett und er weiß, dass es darin gar nichts zum Vorlesen gibt. Man muss nur die am Rand gezeichneten Sachen in dem großen Bild auf den Buchseiten finden. Das macht Spaß und ist eigentlich FAST so gut wie eine Gute-Nacht-Geschichte.

Kalli und Mama suchen auf zwei Doppelseiten alle Gegenstände und Kalli fallen dabei fast schon die Augen zu, sooo müde ist er. Mama bleibt noch ein bisschen an seinem Bett sitzen, bis ein leises Schnarchen zu hören ist. Vertragen haben sie sich auch wieder und morgen liest Mama ihm dann seine Lieblings-Gute-Nacht-Geschichte vor.

Tilda, das kleine Schaf

Also, das ist so: In diesem Jahr spielt Kalli den Josef im Krippenspiel vom Kindergarten am »Heiligen Abend« – nachmittags in der Kirche.

Er ist ganz schön aufgeregt. Eigentlich sollte er einer der heiligen drei Könige sein, aber Mama meint, dass Frau Hartmann, die das Krippenspiel organisiert, sich schon die Finger wund telefoniert hätte, aber nirgends einen Josef auftreiben konnte. Dann hat sie Mama gefragt, ob Kalli das machen würde. Klar, kein Problem. So einen Josef spielen ist doch »Baby«, denkt Kalli. »Baby« ist sein neues Wort für »babyleicht«. Das sagen die großen Jungs im Kindergarten immer und finden es cool.

Am Donnerstag vor Heiligabend ist Generalprobe in der Kirche. Alle Kinder, Eltern oder Großeltern sind da. Manche Kinder haben Kostüme an, manche nicht. Alle laufen durcheinander und piksen sich mit den abstehenden Engelsflügeln oder Hirtenstöcken. Was für ein Getöse, denkt Kalli. Beim Angeln geht es doch wesentlich ruhiger zu. Das ist nämlich sein Lieblings-Hobby und wäre ihm jetzt auch viel lieber als so ein Durcheinander!

Und dann ist da noch die kleine Tilda. Sie ist knapp drei Jahre alt und spielt ein kleines Schaf aus der Herde der Hirten. Sie steht ganz nah vor Kalli und streichelt vorsichtig das glänzende Tuch, das Mama ihm um den Kopf gewickelt hat. Mama glaubt, dass Josef wahrscheinlich so ähnlich ausgesehen haben könnte und Oma hatte noch Kostümschätze im Schrank. Also hat Oma ihm kurzerhand aus einer Tischdecke ein langes Gewand gezaubert und aus dem dunkelblauen Tuch mit goldenen Sternen und Monden eine Kopfbedeckung zugeschnitten. Kalli weiß nicht genau, ob Tilda sich in sein Tuch oder ihn verliebt hat. Jetzt drückt sie sich auch noch ganz fest an ihn. Ach herrje …

Am besten ruhig stehenbleiben und nicht bewegen, denkt Kalli. Dann geht endlich die Probe los. Alles wird zwei Mal durchgespielt und dann können die Kinder wieder nach Hause gehen.

Tilda kommt zum Schluss noch einmal zu Kalli, um sich von ihm zu verabschieden und umarmt ihn ganz fest. Mama meint, dass Kalli sich freuen könnte, in so jungen Jahren schon eine kleine Verehrerin zu haben. Und eigentlich fühlt Kalli sich auch ein bisschen wichtig.

Am »Heiligen Abend« sind alle Kinder noch viel aufgeregter. Weil das so ist und alle es kaum abwarten können, bis das Christkind kommt, wird mit dem

Krippenspiel auch pünktlich gestartet. Alle Kinder stehen oder sitzen auf ihren Plätzen und auch die Erzähler verheddern sich kein einziges Mal mit ihren Texten. Es läuft alles wie am Schnürchen, denkt Kalli, der »Gott sei Dank« einen Sitzplatz hat für die Zeit des Krippenspiels. Da muss er nicht nur so in der Gegend rumstehen …

Doch was ist das? Die kleine Tilda, das Schaf, bleibt gar nicht bei ihrer Herde. Sie lugt zuerst in die Krippe und schaut, ob beim Jesusbaby, der Puppe von Katie May, auch alles in Ordnung ist. Dann krabbelt sie vorsichtig zu Kallis Beinen und lehnt sich sachte an ihn. So verweilt sie, bis das Krippenspiel zu Ende ist. Ganz zum Schluss nimmt sie seine Hand und möchte ihm einen dicken Kuss ins Gesicht drücken.

Das ist Kalli jetzt doch ein bisschen zu viel. »Heiliger Josef« hin oder her — aber eine eigene Meinung darf man ja wohl haben … »Stopp, Tilda, ich möchte das nicht«, sagt er leise zu ihr. Das ist in Ordnung für Tilda und sie begnügt sich mit einer Umarmung zum Abschied.

»Fröhliche Weihnachten, Tilda«, sagt Kalli noch. »Wir sehen uns nach den Ferien im Kindergarten wieder.« Und dann gehen ENDLICH alle nach Hause. Schließlich muss Kalli ja nun wissen, ob das Christkind schon da gewesen ist.

Kalli und die Blaumeise

»Huch, Mama – boah … jetzt habe ich mich aber er-
schrocken … Komm mal schnell …«
Kalli steht vor der geöffneten Tür des Gartenhäus-
chens, neben ihm der Wäscheständer mit den nassen
Handtüchern. Kalli und Mama haben sich nämlich
gerade eine kleine Abkühlung in dem schönen neuen,
aufblasbaren Whirlpool gegönnt. Ungeduldig wartet
Kalli, bis Mama aus dem Gartenhäuschen kommt.
Warum brauchen Erwachsene zum Anziehen eigentlich immer so lange, denkt er.
Gespannt beobachtet er die kleine Blaumeise, die sich
auf einem der Handtücher auf dem Wäscheständer
niedergelassen hat. Ganz ruhig sitzt sie da und sieht
Kalli unverwandt an. Ganz ruhig steht auch er da und
schaut zurück. Mama guckt um die Ecke und traut
ihren Augen nicht. Der kleine Vogel macht überhaupt
keine Anstalten, sich vom Acker zu machen. Mama
meint: »Kalli, ich glaube, er hat sich in deinem Hand-
tuch verheddert. Kannst du ihm helfen, mit seinen
kleinen Krallen aus den Schlaufen zu kommen?«
Vorsichtig nähert Kalli sich dem Vogel. Die kleine
Meise ist immer noch recht unbeeindruckt und lässt

sich von Kalli befreien und vorsichtig streicheln …
Dann flattert sie langsam davon.

Mama meint, dass Tiere merken, wenn Menschen sie
verstehen und dass Kalli vielleicht so eine »Ader« hat
wie »Grizzly Adams – der Mann in den Bergen« aus
der gleichnamigen Fernsehserie der 70er Jahre. Er
war auch ein Freund der Tiere. »Mama«, sagt Kalli,
»die kleine Meise hat auch gar nicht versucht, in
meine Hand zu picken …«

Beeindruckt stehen Kalli und Mama noch einen Moment da, bevor sie langsam alle Sachen im Garten zu-
sammenpacken. Morgen ist Kindergarten und Mama
muss arbeiten. Das heißt für Kalli immer besonders
früh aufstehen. Schade, gerne hätte er seine neue
kleine Freundin noch ein bisschen beobachtet.

Auf dem Weg zum Haus will Mama noch ein paar
Sachen im Schuppen verstauen und wundert sich über
das recht laute und anhaltende Gepiepse eines kleinen
Vogels … Gerade noch rechtzeitig entdeckt sie, dass
die kleine Blaumeise piepsend vor der Schuppentür
hockt, bevor sie sie unter der Tür eingeklemmt hätte.
Kalli setzt sich zu dem kleinen Vogel auf den Boden
und Mama hockt sich vorsichtig neben ihn.

Leise beginnt Kalli mit der kleinen Meise zu sprechen
und streichelt sie ganz sachte. Das Vögelchen legt den
Kopf schräg und wartet, bis Kalli leise »Gute Nacht«
sagt. Dann flattert es langsam davon.

Was für ein schöner Tagesabschluss, denkt Kalli. Mama meint, dass Kalli jetzt eine neue Freundin hat und beide sind gespannt, ob sich die kleine Meise auch morgen wieder blicken lässt … Da es zurzeit sehr heiß draußen ist, wollen sie dann etwas zu trinken für die Vögel rausstellen.

Auf jeden Fall ist eines sicher: Ein kleiner Mensch hat heute Nacht schöne Träume – »Grizzly Kalli« kann sicher gut schlafen, bevor ein neuer, spannender Tag beginnt.

Eine kleine Geschichte vom tot sein

Ehrlich gesagt, ich dachte, mich trifft der Schlag, als mein Sohn mich neulich abends fragte: »Mama, wie ist das eigentlich, wenn man tot ist?«

Ach du liebe Güte! Ich war ja auf Vieles gefasst, weil mein kleiner Sohn mit knapp sechs Jahren täglich eine Menge hoch wichtiger Fragen an mich richtet. Allerdings hatte er mich jetzt eiskalt und dann auch noch auf dem falschen Fuß erwischt.

Und da er außerdem gerade ins Bett gehen sollte — es war schließlich schon 19 Uhr abends und morgen war Kindergarten — war ich mir recht sicher, dass sich »eine kleine Anekdote vom Tod« nicht gerade bestens als Gute-Nacht-Geschichte eignen würde …

Aber eine ehrliche Frage erfordert nun mal eine ehrliche Antwort. So hatten mein Mann und ich es ihm schließlich auch beigebracht. Es sah also ganz so aus, als ob ich — weit und breit — die Einzige war, die gehörig auf dem Schlauch stand …

Was sollte ich Kalli antworten? Und die für mich noch quälendere Frage lautete: Wie, um Himmels willen, erklärt man Dinge, die man selber nicht versteht? Er stand mit großen fragenden Augen vor mir (er war es nicht gewohnt, so lange auf eine Antwort warten zu müssen) – und ich buchstäblich mit dem Rücken an der Wand.

Ich eierte herum, fing an, völlig unnötige Dinge vom abendlichen Zähneputzen wegzuräumen und dachte mir schließlich: »EGAL, der Zwerg hat eine vernünftige Antwort verdient. Also, leg' doch einfach mal los. Abhauen gilt nicht.«

Mittlerweile war Kalli ins Bett gekrabbelt und bat mich, wie jeden Abend, noch ein bisschen beim ihm liegen zu bleiben. Das Thema seiner Gute-Nacht-Geschichte hatte er ja schon deutlich benannt.

»Tja«, sagte ich, »ehrlich gesagt, Kalli, ich habe KEINE Ahnung.«

»Aber ich habe Angst vorm tot sein, Mama. Und jetzt kann ich auch nicht schlafen mit so doofen Gedanken.«

Dass ihn die Sache mit dem Tod beschäftigte, hatte er in den letzten Tagen immer mal wieder kurz angesprochen, war aber nie daran hängen geblieben. Und ich war dankbar dafür.

Es ratterte in meinem Kopf. Ich wagte einen neuen zaghaften Versuch. Vor allem wollte ich ihm eine Antwort geben, die er verstehen konnte, wenn ich schon selbst keinen blassen Schimmer hatte. »Was hältst du davon, wenn ich morgen mal in unseren Lieblingsbuchladen gehe und versuche, ein gutes Buch zum tot sein für uns beide auszubuddeln? Ich denke, darüber muss ich auch noch eine Menge lernen. Und dann schauen wir uns das mal ganz in Ruhe an.«

Für diesen Abend gab Kalli sich mit meiner notdürftigen Erklärung zufrieden und wollte gleich morgen als Erster das neue Buch durchblättern. »Vielleicht gibt's darin auch ganz viele Bilder?« – Na, das glaubte ich zwar nicht, aber auch mir genügte es für heute Abend, nachdem ich hörte, dass mein Kleiner neben mir nun leise schnorchelte …

Am nächsten Morgen, nachdem ich Kalli zum Kindergarten gebracht hatte, stand ich in unserem kleinen, bestens sortierten Buchladen und suchte mit der netten Mitarbeiterin in dem Regal, das vielleicht das eine oder andere Buch zu dem »tot-sein-Thema« enthalten könnte. Allerdings sollte es auch für Kinder verständlich erklärt sein …

Nach einigem Hin und Her angelte ich ein nett bebildertes Buch aus dem letzten Stapel, das über Kinder berichtete, die sich um verstorbene Tiere aus der Nachbarschaft kümmerten und eines nach dem anderen beerdigten. Ich kaufte das Buch und fuhr mit gemischten Gefühlen nach Hause. Da würden – auch nach intensivstem Durchblättern – mindestens 1000 weitere Fragen auf mich zukommen. Ich sah das »Unheil« förmlich heraneilen …

Wenn wir Erwachsenen allerdings eines gut können, dann ist es – uns selbst etwas vorzumachen.

Bis mittags vermied ich es, auf das Buch zu schauen und lenkte mich mit einer Reihe von Dingen ab, die Mamas im Haushalt machen müssen. Trotzdem dachte ich um sämtliche Ecken. Das »tot-sein-Thema« ließ mich nicht los und auch ich wollte ein bisschen mehr begreifen.

Als ich Kalli dann mittags vom Kindergarten abholte, lautete seine erste Frage: »Und, Mama, haste das Buch schon geholt?«

Immerhin, hier und jetzt konnte ich ein lautes und deutliches »JA« hören lassen.

Nach dem Mittagessen haben wir uns das Buch dann gemeinsam angesehen, aber: Oh je! Ich hatte es mir ja schon gedacht — es standen Fragezeichen über Fragezeichen in seinem kleinen Gesicht. Er sagte nur: »Mama, da sind schöne Bilder drin, aber ich versteh' immer noch nicht, wie das mit dem tot sein wirklich ist.«

Nun ja, ich hatte mir morgens doch noch ein paar Gedanken gemacht. Und mit ein bisschen Abstand — und vor allem, wenn man auf das Thema gefasst ist, kann man häufig doch ein paar klare Gedanken fassen. Vorsichtig fing ich an: »Du weißt doch, dass Opa schon vor ein paar Jahren gestorben ist, weil er sehr krank war. Und ich glaube, er hat eine neue Aufgabe bekommen.«

»Was meinst du mit neuer Aufgabe?«

»Ich meine, dass Papa und ich ihm noch sagen konnten, dass du auf die Welt kommst und er sich vielleicht gedacht hat, dass du einen ganz eigenen und guten Schutzengel brauchst, der immer auf dich aufpasst. Als du neulich FAST die Treppe heruntergefallen bist, konntest du dich im letzten Moment noch fangen und am Geländer festhalten. Erinnerst du dich?«

»Ja, das war ganz schön knapp«, grinste mich der Knirps an.

»Siehst du. Und von diesen kleinen, knappen Aktionen machst du jeden Tag eine ganze Menge, oder?«

Kalli nickte nachdenklich.

»Tja, und ich glaube, dass da vielleicht Schutzengel Opa am Werk ist. Und da alle Menschen einmal sterben — tot sein werden —, gibt es eine Menge neuer Aufgaben und Schutzengelaufgaben zu verteilen, oder was meinst du?«

»Ja, und es gibt ja auch immer neue Babys auf der Welt und so …«, fügte Kalli hinzu.

»Genau!«

»Und das Christkind braucht auch immer ganz viel Hilfe, wenn die Weihnachtszeit anfängt.«

Und genau damit hatte ich ihn jetzt. Ein Helfer beim Christkind schien eine überaus spannende Sache für später zu sein, wenn man auf der Erde alt und müde geworden ist und sich auf eine neue Aufgabe freuen möchte.

»Allerdings, Kalli, ich weiß nicht, ob es wirklich so ist, wie ich es dir jetzt gerade erzählt habe, denn mit Menschen, die tot sind, kann man ja nicht mehr sprechen. Aber ich finde es sehr schön zu denken, dass es bestimmt immer wieder eine neue Aufgabe geben wird. Und das ist es, was ICH glaube. Und GLAUBEN darf jeder, was er möchte. Was meinst du?«

»Ich auch, Mama. Das hört sich für mich auch gut an …«

Über das Thema mit dem tot sein haben wir seitdem nicht mehr gesprochen. Allerdings bekam ich am nächsten Abend folgende Frage gestellt: »Mama, wo kommen eigentlich die ganzen neuen Babys her, die es immer wieder auf der Welt gibt?«

Ich antwortete: »Zu dieser Frage kaufe ich MORGEN ein Buch, mein Sohn.«

Der Schnecken-Chef

Da steht ein Kleiner, mittags nach der Schule, sand-verschmiert, nassgeschwitzt und völlig aus dem Häus-chen vor der Haustür … »Mama, ich bin jetzt bei uns in der Klasse der Schnecken-Chef!«, ruft er aufgeregt. Mama macht große Augen und fragt: »Schnecken-Chef? – Was ist das denn für eine Aufgabe?«
Kalli quasselt fleißig drauf los.
»Also, wir haben in SACH (im Sachkundeunterricht zur kurzen Erläuterung) ja jetzt das Thema Schnecken. Und da muss sich einer richtig gut drum kümmern … Nämlich ich. Und die anderen sind meine Helfer …«
»Aha«, sagt Mama und kratzt sich nachdenklich am Kopf. »Und was machst du da genau?«
»Also, ich gucke immer, ob sie genügend zu essen haben und spritze sie mit einer Sprühflasche gut nass, damit sie nicht austrocknen und dann legen wir noch Moos in das Terrarium und Holzstücke und Eierscha-len und so was alles, was sie eben brauchen.«
Mama ist beeindruckt. »Das scheint mir eine sehr wichtige Aufgabe zu sein, Kalli. Da müsst ihr euch ja richtig ins Zeug legen.«
In den nächsten Tagen hält Kalli Mama weiterhin

Vorträge über Schnecken und schielt dabei fieberhaft in alle Richtungen, um die eine oder andere Schnecke noch einzusammeln, egal, wo sie gerade unterwegs sind. Allerdings scheinen sie bei der großen Trockenheit in diesem Jahr wie vom Erdboden verschwunden zu sein. Aber immerhin ergattert Kalli einige mit Moos bedeckte Holzstücke, um diese mit zur Schule zu nehmen und blättert eifrig in seinem Tierlexikon, um die Texte über Schnecken anzumalen und mit in den Unterricht zu schleppen.

Zwei Tage später steht wieder ein kleiner aufgeregter Kerl vor der Haustür, der schon vor dem Öffnen ruft: »Mama, kann ich auf die Schnecken in den Herbstferien zu Hause aufpassen? Frau Frei hat gesagt, einer muss sich darum kümmern …«

Mama überlegt. »Kalli, du bist in der ersten Ferienwoche mit Papa in Thüringen und in der zweiten Ferienwoche beim Fußball-Camp. Du kannst dich gar nicht darum kümmern.«

»Doch, bestimmt, Mama.«

»Willst du Papa denn fragen, ob ihr die Schnecken vielleicht mitnehmen könnt? Ich muss nämlich arbeiten und habe keine Lust, sie zu versorgen.«

Allerdings findet Mama die Idee von Kalli grundsätzlich gut, mal für zwei Wochen »Schnecken-Ferien-Freunde« zu beherbergen. Das Thema »Haustiere« kam nämlich schon häufiger auf den Tisch und was es bedeutet, für Lebewesen Verantwortung zu übernehmen, kann man so eigentlich ganz gut lernen, denkt Mama.

Abends am Telefon fragt Kalli Papa, ob die Schnecken mit nach Thüringen reisen dürfen. Papa willigt ein. Er arbeitet die Woche über dort und kommt immer zum Wochenende nach Hause. In den Ferien darf Kalli manchmal ein paar Tage mit zu Papas Betrieb fahren. Da Papa sein eigener Chef ist, er hat einen großen landwirtschaftlichen Betrieb mit Schweinen, darf er das auch selber entscheiden.

Auf die Zeit dort freut Kalli sich immer besonders. Dann darf er die Schweine mit versorgen, auf dem Hof Trecker fahren (weil dort alles gut umzäunt ist und nichts passieren kann) und Papa und er essen die ganze Zeit nur Sachen, die Mama FAST nie macht, wie Pommes, Pizza und so … Ferien im Kinderparadies eben.

Da Papa mit der Ferien-Schnecken-Pflege einverstanden ist, holt Mama die Schnecken am Donnerstag vor den Ferien von der Schule ab und schleppt sich mit dem großen, schweren Terrarium mächtig ab. Gemeinsam stellen Kalli und Mama dann die Schnecken auf Kallis Schreibtisch in seinem Zimmer.

Der kleine Kerl ist emsig dabei, die Schnecken in den ersten Tagen gut zu versorgen und macht auch, mit Mamas Hilfe, das Terrarium ein bisschen sauber. Mit

spitzen Fingern popelt er dann kleine Dreckklümp-
chen von der Scheibe. »Da gibt es aber auch schönere
Arbeit. So kleine Tiere machen sooo viel Dreck ...«,
meint Kalli mit ernster Miene und atmet tief aus. Das
findet Mama übrigens auch.

Allerdings haben sich dann doch alle zusammen überlegt, dass die Schnecken bei Mama zu Hause besser
aufgehoben sind, als stundenlang mit Papa und Kalli
im Auto nach Thüringen zu düsen und dort die meiste
Zeit des Tages alleine in Papas Wohnung zu sein. Auch
wenn Mama arbeiten muss, hat sie doch ein bisschen
mehr Zeit, um sich zu kümmern – wenn auch überhaupt keine Lust dazu. Trotzdem macht sie es natürlich.

Am Freitag der ersten Herbstferienwoche kommt
Kalli wieder und übernimmt die Schnecken-Pflege in
der zweiten Ferienwoche. Das klappt soweit ganz gut.
ABER: Ein Terrarium sauber zu halten und auch
kleine, recht pflegeleichte Lebewesen zu betreuen, ist
trotzdem eine Verpflichtung, der man JEDEN Tag
nachkommen muss. »Keine Lust« zählt da nicht. Und
wenn man verreisen möchte, muss auch jemand gefunden werden – wie jetzt Mama –, der Zeit hat, sich
zu kümmern. Schließlich wird Mama ja auch mal mit
in die Ferien fahren.

So oder so, eine schöne Ferien-Erfahrung mit kleinen
Schnecken-Gästen. Für Mama steht fest, ein Haustier

möchte sie nicht. Denn letztendlich hat doch sie die Arbeit und Pflege an der Backe. Und genauso sieht Kalli es zum Ende der Ferien dann auch. Schnecken haben, schön und gut, aber irgendwie immer da sein, die Tierchen verpflegen, sauber halten und so, das passt ihm gerade auch noch nicht so gut in seinen Kinder-Kram-Kasten … Gut so, denkt Mama. Zumindest haben sie das Thema jetzt erst mal vom Tisch. Vielleicht bis morgen oder so …

Krumme Knie ...

Mama stehen ihre kurzen Haare zu Berge. Sie hat meine Schwester Tini und mich ins Auto gepackt, um mit uns beiden in die Stadt zu fahren und ein paar neue Sachen zum Anziehen zu kaufen.

Mit zwei pubertierenden jungen Damen von knapp 14 und 16 Jahren ist dies die reinste Katastrophe. Aus Mamas Sicht natürlich.

An diesem besagten Nachmittag scheint es besonders problematisch für Tini und mich zu sein, ein paar schöne Sachen, die wir tatsächlich auch brauchen, zu finden. Die recht zahlreichen Verkäuferinnen machen ebenfalls keinerlei Anstalten, Mama in diesem schwierigen Unterfangen mit Rat und Tat zur Seite zu stehen. Stattdessen führen sie lieber Privatgespräche. Keine der Damen will sich Zeit für uns nehmen.

Ob das wohl an der teuren Boutique liegt oder an der bekannten Marke des Modelabels, Mama ist ratlos und wir haben auch keine Ahnung – sind aber auch tatsächlich viel mehr mit uns selbst und den schönen Klamotten beschäftigt.

Nun denn, nach stundenlangem – einsamen – Herumstöbern, anprobieren und wieder ausziehen ist die Engelsgeduld von Mama extrem strapaziert. Aber wir haben es tatsächlich geschafft, etwas Schönes zu finden. Sowohl Tini als auch ich haben einen kleinen Stapel neuer Kleidung aus dem schier unerschöpflichen Angebot der gesamten Teenie-Kollektion für uns herausgefischt.

Mama ist sichtlich erleichtert. Zielstrebig gehen wir mit unseren schönen neuen Sachen zur Kasse. Ich werfe auch einen Blick auf Tinis Sachen und überschlage schnell im Kopf. In Mathe bin ich zwar keine große Leuchte, aber auch ich kann auf den zweiten Blick sehen, dass es sich hier um den Wert eines kleinen Urlaubs handelt, den wir in Form von Kleidungsstücken nun vorsichtig auf den Tresen legen.

Tini wirft einen Blick auf ihre Armbanduhr und sagt gut gelaunt: »Super, jetzt reicht die Zeit doch noch, um schnell am Imbiss-Büdchen vorbei zu schlendern … Da habe ich mich schon die ganze Autofahrt hierher drauf gefreut!«

ABER, es kommt niemand zur Kasse. Mit NIEMAND meine ich NIEMAND. Kein Verkäufer, keine Verkäuferin, kein Chef, keine gute Fee – gar NIEMAND.

Wir warten einen Moment, fünf Minuten – Mama wird unruhig … Tini und ich blicken uns verwirrt an …

Nach einer gefühlten Ewigkeit kommt dann ENDLICH eine Verkäuferin angeschlendert. Anstatt allerdings zu uns zu kommen, geht sie doch tatsächlich zur zweiten Kasse, an der sich in der Zwischenzeit eine Familie — Mutter, Vater und zwei kleine Jungs — angestellt haben und ein paar Kleinigkeiten bezahlen wollen, bei weitem nicht in dem Wert, in dem wir Ware auf den Kassentresen gelegt haben.

Tini und ich würden am liebsten abhauen, denn Mama rüstet sich zum verbalen Angriff. Aber in unserem Alter kriecht man nicht mehr unter irgendeinen Kleiderständer und wickelt sich auch nicht im Vorhang der Umkleidekabinen ein. Nee, wir müssen wohl oder übel tapfer neben Mama stehen bleiben und warten.

Plötzlich sagt Mama zu der Verkäuferin (mittlerweile Kassiererin) mit gefasster Stimme, aber in durchaus scharfem Ton und gut hörbar für alle Umstehenden: »Sagen Sie mal, junge Dame, was muss man denn tun, um bei Ihnen sein Geld loszuwerden? Geht es hier vielleicht nach Schönheit? Oder sollte ich lieber mit Ihrem Vorgesetzten sprechen?«

Die junge Verkäuferin errötet und kommt, nachdem sie bei den anderen Kunden kassiert hat, zu uns. Tini und ich sind mindestens so rot wie die junge Dame, die mittlerweile bei uns an der Kasse steht, und wir möchten am liebsten im Erdboden versinken.

Dann geschieht das für uns Unerwartete. Mama schiebt den ganzen Stapel — im Schweiße ihres und unseres Angesichtes — ausgesuchter Klamotten über den Tresen zurück und sagt laut: »Wissen Sie was, wir haben es uns anders überlegt. Wir müssen unser Geld niemandem aufdrängen und lassen Ihnen die Ware doch besser hier.«

Dann dreht Mama sich um und verlässt äußerlich ruhig und hoch erhobenen Hauptes die Boutique. Tini und ich flitzen eher gesenkten Kopfes und beschämt hinterher. Eine ganze Zeit sagt keine von uns einen Ton. Nach einigen Metern dreht Mama sich zu uns um, sieht uns fest in die Augen und sagt: »Niemand hat das Recht, uns so zu behandeln. Ich überlege, ob ich die Geschäftsleitung der Boutique informiere und Beschwerde einlege. Kein Mensch auf der Welt hat sich als besser, wichtiger und angesehener zu betrachten als jemand anders — unabhängig von Rang und Namen. Wenn ich jetzt mal euren Opa zitiere, lautet das so: Letztlich machen sie doch alle zum Kacken die Knie krumm!«

Tini und ich kriegen kugelrunde, große Augen und trotten weiter hinter Mama her und überlegen. Tja, damit hat sie natürlich Recht und gleich den Nagel auf den Kopf getroffen.

Wir kaufen uns noch ein Fischbrötchen an einem Imbiss, an dem wir auf dem Weg zum Auto vorbei kommen und kauen schweigend vor uns hin.

Sagen möchte keine mehr was, auch wenn wir nun

rein gar nichts von den schönen Klamotten haben, die wir uns ausgesucht hatten. Aber nachgedacht haben wir noch lange über diesen Nachmittag – und vor allem über Mamas bzw. eigentlich Opas Spruch – mit dem Kacken und den Knien. Ehrlich gesagt erröte ich schon bei dem bloßen Gedanken, diese Wörter in genau der Reihenfolge auszusprechen. ABER RECHT hat Mama ja – und insgeheim bin ich auch stolz auf sie, dass sie sich nicht alles gefallen lässt. Ich will auch gern so stark auftreten können wie sie. Allerdings muss ich dafür wohl erstmal die Pubertät überstehen. Tini und mir geht die ganze Sache noch ein paar Tage durch den Kopf. Gemerkt haben wir uns vor allem eines: Jeder Einzelne von uns ist gleichwertig, unabhängig von Rang, Namen und kulturellem Hintergrund.

Wenn wir das nächste Mal allerdings mit Mama in die Stadt fahren, um ein paar Klamotten zu kaufen, fragen wir beim Betreten der Boutique lieber VORHER eine nette Verkäuferin, ob sie sich vielleicht schon zur Kasse stellen könnte, wir beeilen uns auch mit dem Aussuchen …

Weihnachten 2.0

So oder so ähnlich könnte es sich überall auf der Welt zutragen …

Tim (19) und Lucy (18) sind seit fast einem Jahr ein Paar. Beide kommen aus Familien mit einigen Geschwistern.

Tim hat drei kleinere Brüder und Lucy einen großen Bruder und zwei kleinere Schwestern. Tims Vater ist vor zwei Jahren abgehauen. Wohin, weiß Tim nicht, seine Mutter auch nicht. Sie versucht verzweifelt, die Familie zu ernähren und hat drei Putzstellen bei verschiedenen Firmen angenommen. Manchmal ist sie so erschöpft, dass sie über ihrem eigenen Essen einschläft. Langsam sinkt dann ihr Kopf neben ihren Teller mit aufgewärmten Resten, die Tim irgendwann im Laufe des Tages für seine kleinen Brüder zusammengekocht hat. Er hat seine Mutter schon oft gehört, wie sie sich leise in den Schlaf weint, sich aber nie getraut zu fragen, wie er ihr helfen kann.

Stattdessen hat sich Tim um eine Ausbildungsstelle zum Zimmermann gekümmert. Er möchte seine Mutter so gern auch finanziell unterstützen. Sein Lehrer — Herr Marten — hat ihm dabei unter die Arme gegriffen. Das war wirklich nett von ihm. Tim hatte gute Noten in der Schule und das Lernen ist ihm immer schon leicht gefallen. Seine Mutter meint, er sei der hellste Kopf in der Familie. Wie sie ihn dann ansieht, so besonders und stolz. Dann weiß Tim, dass sie ihn sehr liebt. Auch wenn sie es ihm noch nie gesagt hat. So richtig jedenfalls nicht.

Seit drei Monaten ist Tim schon in der Ausbildung zum Zimmermann und die Arbeit macht ihm wirklich Spaß. Er ist fleißig und mit Elan bei der Sache, hat nette Kollegen und sich im Team schon einen guten Platz erarbeitet. Wenn Tim und Mama arbeiten müssen, kümmert sich Frau Müller von nebenan um die Kleinen. Frau Müller ist eine nette alte Dame, findet Tim, und sehr hilfsbereit. Sie ist alleinstehend und hat gern ein bisschen Abwechslung. Sie meint: »Dann ist der Tag nicht so lang und vor der Glotze verblödet man ja nur, bei dem ganzen Zeugs, was da heute so läuft. Nee, nee, da beschäftige ich mich lieber mit den Kleinen.« Und damit Frau Müller das nicht alles umsonst machen muss, kocht Mama für sie zu Weihnachten. Dann kocht sie für Tim, seine kleinen Brüder und für Frau Müller. Das ist Mama sehr wichtig. Um das Essen so nett wie möglich herzurichten, ein besonderes Stück Fleisch zu kaufen und für die Kleinen zumindest noch ein Geschenk zu besorgen, legt Mama das ganze Jahr über ein bisschen Geld zur Seite. Auch Tim hat schon manchmal 5 Euro in Mamas Notgroschen-Sparschwein geworfen. Aber verraten hat er es ihr nicht.

Lucy hat Tim letzte Woche gesagt, dass sie schwanger ist. Sie hätten einfach besser aufpassen sollen, aber jetzt ist es zu spät. Lucy hat ihren Eltern noch nichts gesagt. Ihre Mutter und ihren Vater kümmert es im Übrigen auch wenig, was ihre Kinder so den ganzen Tag machen. Sie verbringen ihre Zeit fast ausschließlich in der Spielothek zwei Blocks weiter. Und wenn sie dann irgendwann mal nach Hause kommen, sind beide immer betrunken und haben erst recht kein Geld mehr fürs Essen. Die Kinder essen meistens in der Schule. Für sozial bedürftige Familien ist es da umsonst. An den Wochenenden geht Lucy oft mit ihren kleinen Schwestern in die Suppenküche. Dort arbeitet Frau Lanz.

Sie ist die Sozialarbeiterin in dem Viertel, wo Lucys Familie wohnt. Frau Lanz ist nett, findet Lucy. Sie kümmert sich, so gut sie kann um sie und ihre kleinen Schwestern. Ihr großer Bruder ist schon lange ausgezogen. Wohin, weiß niemand. Er wollte damals einfach nur weg. Seitdem hat sie nichts mehr von ihm gehört.

Trotz der schwierigen Umstände freuen Tim und Lucy sich doch irgendwie auf das Baby. Lucy möchte es auch behalten und nicht einfach »wegmachen lassen«, wie ihre Freundin Chris es damals gemacht hat. Die hat damals wochenlang geweint und war völlig neben der Spur. Außerdem lieben Tim und Lucy sich und sind sich einig, dass sie es irgendwie schaffen werden.

Aber wie??

Die Monate vergehen. Tim arbeitet an seiner Ausbildung und Lucy geht noch zur Schule. Das Abi wird sie wohl nicht schaffen, weil zwischendurch ja noch das Baby kommt. Gesagt hat sie noch niemandem etwas, und da sie alte ausgebeulte Pullis trägt, sieht man es ihr nicht mal an, das meint auch Tim. Lucys Ärztin hat ihr Tipps gegeben, an wen sie sich wenden kann, wenn es soweit ist. Da gibt es ganz gute Möglichkeiten, denkt Lucy. Auf der Straße muss sie ihr Kind nicht zur Welt bringen. Es wird sich hoffentlich schon alles finden.

Tim ist gerade zu Fuß auf dem Weg von der Arbeit nach Hause und kurz vor der letzten Blockecke, bevor er auf den Hof zu dem Hochhaus einbiegt, in dem er mit seiner Mutter und den kleinen Brüdern wohnt, als Lucy ihm total verheult und aufgelöst in die Arme läuft. Sie kriegt minutenlang überhaupt kein Wort raus.

Tim nimmt Lucy in die Arme, tröstet sie und versucht sie zu beruhigen.

Nach einiger Zeit rückt sie dann mit der Sprache raus.

Ihr Vater hat in Lucys Zimmer, auf der Suche nach ein paar Euros, den Mutterpass von ihr gefunden und ist völlig ausgerastet. Er hat sie zwar nicht verprügelt, aber alles Mögliche durch die Gegend geschmissen, sie im Zimmer herumgestoßen und eine halbe Ewigkeit nur gebrüllt. Lucys Mutter hat nichts mitbekommen, weil sie mal wieder ihren Rausch ausschlafen musste. Nachdem ihr Vater dann zehn Euros von ihrem Schreibtisch gegrabscht hat, ist er aus dem Zimmer gestürmt und aus dem Haus. Wahrscheinlich, um Schnaps zu kaufen, vermutet Lucy, wie immer. Ihre kleinen Schwestern hat sie schnell zu Frau Lanz gebracht, die verständigt jetzt das Jugendamt, damit die Mädchen gut versorgt werden. Lucy selber ist in einem unbemerkten Moment abgehauen, obwohl ihr der Abschied von ihren kleinen Schwestern fast das Herz brach. Aber sie will einfach nur bei Tim sein. Ihm wird sicher etwas einfallen.

Tim meint, dass er jetzt nicht alles einfach so hinschmeißen kann, weil sie das Geld doch brauchen. Bei ihnen wohnen kann Lucy auch nicht, das findet ihr Vater heraus und lässt ihnen keine Ruhe. Sie müssen eine Bleibe in der Nähe finden, von wo aus Tim zur Arbeit fahren und seine Mutter und Geschwister sehen kann und Lucy trotzdem sicher ist.

Tim checkt mit seinem Smartphone über verschiedene Apps, ob irgendwo günstig Zimmer vermietet werden.

Nichts zu machen. Entweder ausgebucht oder zu teuer. Kein Wunder, schließlich ist die Vorweihnachtszeit angebrochen, die jedes Jahr tausende Menschen in die Städte lockt, um hektisch Weihnachtseinkäufe zu erledigen oder über die zahlreichen Weihnachtsmärkte zu bummeln.

Tim und Lucy klappern mit Tims altem Drahtesel die Gegend ab. Tim tritt kräftig in die Pedale, während Lucy sich, auf dem Gepäckträger sitzend, fest an ihn schmiegt. Bei sich haben sie nur einen Rucksack mit ein paar Sachen zum Wechseln. Viel haben sie ja eh nicht.

Schließlich kommen sie im Frauenhaus ein paar Blocks weiter unter. Es ist wirklich saukalt draußen und Lucy ist schon ganz schön kugelrund geworden.

Ausgerechnet ist heute auch noch Heiligabend. Wie gern wären Lucy und Tim auch mit ihren Geschwistern zusammen gewesen. Die beiden klingeln am Frauenhaus und bitten um Einlass. Die nette Dame, die öffnet, sieht sofort, dass es bei Lucy bald losgeht (das ist hier ja nun mal keine Seltenheit, dass junge Mütter – oder solche, die dabei sind, es zu werden – Hilfe suchen). Leider ist das Frauenhaus bis unters Dach besetzt. Überall Mütter mit schreienden oder schlafenden Kindern. Jedes Zimmer proppenvoll …

Die nette Dame, die sie hereingelassen hat – Marlies ist ihr Name – bietet Lucy und Tim eine kleine

Abstellkammer am Ende des Flurs an. Sie räumt ein paar Sachen zur Seite und stellt ein Feldbett auf. Tim darf heute Abend ausnahmsweise bleiben, Marlies merkt sofort, dass er ein netter Kerl ist und er zwängt sich auf den Stuhl in der Ecke. Lucy legt sich erleichtert auf das schmale Feldbett. Marlies bringt den beiden noch ein paar Brote, die sie so gerade noch zusammenkratzen kann, und zwei Flaschen Wasser. Tim und Lucy freuen sich über die nette Gastfreundschaft. Außerdem haben sie heute fast nichts gegessen.

Es ist alles sehr einfach und irgendwie provisorisch zusammengewürfelt, aber Lucy und Tim halten sich fest im Arm. Es ist nämlich vor allem warm und so friedlich.

Die Stunden vergehen. Die Wehen bei Lucy setzen ein und Marlies will einen Krankenwagen rufen. Aber bis der da ist, kann es dauern. An Heiligabend ist immer sehr viel los in der Gegend …

Lucy hat Glück, es ist gerade zufällig eine Hebamme im Frauenhaus, die schon viele Jahre Berufserfahrung hat. Bei ihr sind sie in den besten Händen.

Und so kommt es dann, dass an diesem sehr kalten und sternenklaren, durchaus sehr besonderen Dezemberabend Lucys und Tims kleiner Sohn geboren wird. Alles verläuft komplikationslos, die Hebamme meint, Lucy macht das ganz super und Tim hält ihr tapfer die Hand, obwohl er zwischenzeitlich lieber abgehauen wäre. Oh Mann, so eine Geburt war ja kein Spaziergang – aber seine Lucy unglaublich tapfer. Wahnsinn, denkt Tim, er weiß, dass er Lucy sehr liebt, aber in dem Moment, als er seinen kleinen Sohn zum ersten Mal in den Armen halten darf, spürt er, jetzt gibt es jemanden auf der Welt, den er so sehr liebt, dass es fast schon weh tut.

Lucy und Tim sind müde und haben nur noch den Wunsch, einfach ruhig einzuschlafen und sich ein bisschen auszuruhen. Ihr kleiner Sohn schläft selig in Lucys Armen, von den Strapazen der Geburt völlig erschöpft.

Marlies konnte bei einer anderen Mutter noch ein paar Erstlingssachen und eine kleine Babydecke auftreiben. »Leihweise …«, hatte die Mutter gesagt, schließlich habe sie ja nichts zu verschenken.

Die Hebamme und Marlies tun den ganzen Abend unermüdlich ihr Bestes, damit es der kleinen Familie den Umständen entsprechend gut geht.

Da klopft es ganz leise an der Kammertür. Tims Mutter schaut vorsichtig herein (er hatte ihr zwischendurch eine Nachricht geschickt, damit sie weiß, was vor sich geht und sich keine Sorgen macht). Sie hat eine Plastiktüte unter dem Arm. »Für den Kleinen«, sagt sie nur. Lucy öffnet die Tüte und ist ganz erstaunt. Sie zieht einen Strampler, ein Jäckchen, kleine Socken und eine winzige Mütze heraus.

»… hat Tim früher getragen, seine ersten Sachen damals. Ich hab's aufgehoben«, sagt seine Mutter. »Ich dachte …«, sie bricht ab und muss sich die Nase putzen, ein bisschen überspielen, dass ihr die Tränen in die Augen treten. »Ich dachte, ihr könnt es vielleicht ganz gut gebrauchen.« Sie lächelt Lucy und Tim an. »Wie heißt er denn, der Kleine?« Tim und Lucy sehen sich an. Dann sagt Tim: »Wissen wir noch nicht. Ein besonderes Kind braucht doch auch einen besonderen Namen, oder?«

Beide schauen zu den drei Damen, die bei ihnen in dem kleinen Abstellraum dichtgedrängt beieinander stehen und das neugeborene kleine Kind so achtungsvoll bewundern.

Schließlich sagt Lucy: »Was meinst du, Tim, vielleicht sollten wir ihn nach den Anfangsbuchstaben der Namen unserer ›drei heiligen Königinnen‹ hier benennen.« Sie deutet mit dem Kopf auf Tims Mutter mit Namen Teresa, die Hebamme mit Namen Olga und die Mitarbeiterin des Frauenhauses mit Namen Marlies. »Dann hieße er Tom«, meint Tim.

Alle schauen sie auf das kleine Bündel in Lucys Arm, als plötzlich Hausmeister Fritz im Türrahmen erscheint: »Hab' gerade den Rest vom Festessen abgeräumt«, raunt er. »Hier gab et heute Kartoffelsalat und Würstchen, sozusagen als besondere Spende vor dem Weihnachtsfeste … Wat is jetzt – wollt'a noch wat???«

Die Fünf schauen sich verwundert an, dann müssen alle lachen und nehmen dankbar an. Außer Lucy, sie will einen Moment mit dem kleinen Tom allein sein. Schließlich bringt man ja nicht alle Tage ein »Christkind« zur Welt …

Was mein Leben reicher macht ...

Mit großen Augen schaue ich Hardy an: »Wie jetzt, wie meinst du das? – Was mein Leben reicher macht?«

»Ich meine«, sagt Hardy amüsiert, »du solltest mal einen Artikel schreiben mit der Überschrift ›Was mein Leben reicher macht‹ und dir möglichst dazu noch etwas Geistreiches einfallen lassen.«

»Sehr witzig«, sage ich ein bisschen irritiert. »Wer bitte sollte das denn lesen wollen?«

»Du selber«, sagt Hardy, dreht sich um und geht. »So was Blödes«, denke ich. Jetzt kenne ich Hardy schon viele Jahre und schätze ihn als einen meiner besten Freunde, aber manchmal kommt er auch auf schwachsinnige Ideen.

Trotzdem muss ich immer wieder darüber nachdenken, was denn mein Leben wirklich reicher macht und greife dann tatsächlich doch zum Stift bzw. zur Tastatur.

Glücklich machen mich sicher nicht meine zahlreichen Schuhe, die ich besitze. Auch, wenn Frau das gern behauptet.

Glücklich machen mich auch keine Shopping-Touren

oder tolle Freizeitaktionen, um später stolz erzählen zu können, wo ich schon überall war und was wir alles so Tolles erlebt haben. Zumal jeder von uns für diese kostspieligen großen oder kleinen Aktivitäten hart arbeiten muss, um erst einmal das dafür notwendige Kleingeld heranzuschaffen.

Glücklich macht mich auch nicht der Blick auf meine Mitmenschen, wenn ich sehe, wie sehr sie sich manchmal das Leben schwer machen oder das der Anderen herbeisehnen, die es vermeintlich besser getroffen haben als sie.

Und um den oben genannten Punkt zu treffen und nicht fleißig daran vorbeizuschreiben, meine Antwort auf die Frage, was MEIN Leben reicher macht:

Es ist DIE ZEIT!

Es ist die Zeit, die ich jeden Tag aufs Neue geschenkt bekomme.

Die Zeit, die ich mit Leben, Arbeit und kreativ sein fülle.

Vor allem die Zeit, die ich mit meinem Sohn und meiner Familie verbringe.

Es ist die Zeit, in der ich zu Hause bin, wenn mein Sohn — sandig, verschwitzt und aufgeregt — aus der Schule kommt, um mir zu erzählen, welche überaus wichtigen Dinge sich heute wieder für ihn ereignet haben.

Die Zeit, in der wir als Familie gemeinsam zu Mittag

oder Abend essen und viel oder auch mal gar nichts besprechen.

Die Zeit, in der ich die Hausarbeit einmal mehr fürchterlich finde, um sie ganz schnell hinter mich zu bringen.

Oder die Zeit, in der ich mit meinen Freunden und Freundinnen über belanglose Dinge einfach befreit drauflos kichern kann.

Die Zeit, in der ich zur Arbeit gehen und Teil eines tollen Teams sein darf.

Die Zeit, in der ich mit Familie und Freunden schöne oder auch blöde Gespräche führe …

Die Zeit, in der ich mit meiner langjährigen Freundin Sport mache und beim Laufen mal wieder ordentlich nass werde und wir uns fragen, wieso in aller Welt wir immer noch nicht gelernt haben, auf die Wettervorhersage zu hören.

Und die Zeit, in der ich mir mit meinem Mann den Kopf über morgen und übermorgen zerbreche.

Auch mal die Zeit, in der man sich »in die Wolle kriegt«, weil es schwierig ist, die Meinung des Anderen so stehen zu lassen und nur darüber nachzudenken.

Vor allem aber ist es die Zeit, in der ich Dankbarkeit für mein Leben und das meiner Familie empfinde.

Die Zeit, in der ich immer noch Möglichkeiten habe, Dinge, die schieflaufen, wieder auf die Reihe zu kriegen.

Zeit, in der ich mir bewusst bin, was für ein Segen es ist, gesund zu sein und ein Dach über dem Kopf zu haben.

Zeit, in der ich glücklich darüber bin, in einem sicheren Land zu wohnen.

Zeit, die ich jeden Tag aufs Neue geschenkt bekomme, und aus der ich das Beste mache, so gut ich es eben kann … von Moment zu Moment.

Später lese ich Hardy den Artikel vor. »Siehste«, sagt er. »Geht doch!« Und grinst in seinen gepflegten, grauen Bart. »Gut ist doch, wenn DU es weißt.« Recht hat er, denke ich und wir trinken noch gemütlich einen Kaffee und klönen fröhlich weiter drauflos.

Auch diese Zeit meine ich.

Dank

Dass dieses kleine Buch zustande gekommen ist, verdanke ich ein paar tollen Menschen.

Meinem langjährigen und guten Freund Hartmut – vielen Dank, dass du so hartnäckig am Ball geblieben bist und niemals lockergelassen hast.

Herzlichen Dank an Anna, dass Sie meine Geschichten gelesen und ihnen eine Chance gegeben haben. Ich freu' mich.

Danke an Tanja, für – einmal mehr – wunderschöne Fotos. Es macht immer wieder Spaß, mit dir zusammenzuarbeiten.

Danke an Mama und Berni, Papa und Ulla, Jessi, Manni und Leo, dass ihr an mich glaubt und immer für mich da seid.

Besonderen DANK an meine beiden Jungs, denen dieses Buch gewidmet ist:

DANKE, Carsten, für dein Vertrauen, dass es gut wird und dass du die Möglichkeit geschaffen hast, dieses Projekt mit zu verwirklichen. Es bedeutet mir so viel.

DANKE an Louis, den weltbesten kleinen (mittlerweile schon recht großen) Sohn, weil du durch deine kindliche Unbefangenheit erst die Vorlage für viele Geschichten geliefert hast. Ohne dich gäbe es dieses Buch nicht. Ich bin jeden Tag glücklich, dass es dich in meinem Leben gibt.

Im Juni 2022
RAPHAELA TAUTZT